© 2021, Christian Hofmann
Herstellung und Verlag: BoD – Books on Demand, Norderstedt
ISBN: 9783754312896

GE*DANKE*NWEISE

Ans*icht*ssache

Christian Hofmann

Inhaltsverzeichnis:

Intro

Bei allen Krisen oder bzw. in allen schwierigen Situationen meines Lebens, gingen mir viele verschiedene Gedanken durch meinen Kopf.

Nun sitze ich hier wie so oft, spät abends und bis auch wieder in die Nacht und beschreibe und verfasse meine Gedanken.

Genau, meine Gedanken – auf die ich eingehen möchte.
Ich Krisen habe ich immer diese Gedanken wie etwa;

Wird alles gut werden!?
Kann ich an all dem etwas ändern!?
Vertraue ich auf Gott und lasse alles so wie es ist!?

Gedanken über Gedanken...

Doch diesmal ist etwas anders. Etwas wesentliches, entscheidendes ist anders.

In meinen Krisenmomenten und Episoden bin ich immer und immer wieder meinen Gewohnheiten verfallen!
Meinem immer wiederkehrenden Muster.

Wenn nichts mehr ging, nahm ich wie jetzt auch Stift und Papier zur Hand. Ich schrieb Reime, Gedichte, Verse in der Hoffnung – Lösungen zu finden.

In erster Linie war es zumindest befreiend, denn was auf dem Papier steht, ist somit zunächst von der Seele verbannt!

Doch das Entscheidende kommt nun; Durch das Reimen und die Gedichte drehte ich mich bis dato, immer und immer wieder im Kreis! Ich kann also auch sagen – „Ich drehte mich um meinen Krisen-Mittelpunkt"!

Anders wird es nun, da ich bereits 30 Bücher verfasst habe, meiner Seele somit Platz verschaffen konnte, welchen sie da benötigt – kann ich mich nun meiner aktuellen und wahren Krise stellen!

Das Vorgehen, welches ich hier handhabe, wird kein garantierter Erfolg im Sinne von „Ratgeber für Jedermann"!
Aber immerhin, mein real-geführter Guide, wie ich mich meinen Gewohnheiten stellen möchte und diese abzulegen versuche.

Fern also, wie ich in meinen Werken von 2006 – 2021, in denen ich hauptsächlich die Lyrik (Belletristik) wählte...

Nun zur aktuellen Krisensituation und derer Aufklärungsmission!

Es ist kein erfolgsgarantiertes Rezept, aber vielleicht hilft es mir und auch anderen Menschen.

Einsicht, Reflexion, Erkenntnis prägen nun mein Vorhaben.

„So möge der Weg zum gewünschten Erfolg führen"

Herzlichst Ihr Autor,
Christian Hofmann

1.0 Aktuelle Lage

Mein Traumberuf, meine wahre Berufung, vom Autor – dem Dichter, hat mir noch keinen, hinsichtlich dem Finanziellen – sicheren Unterhalt erbracht!

Im Gegenteil, zurzeit habe ich einen Krisennotstand!
Ich bin arbeitslos, habe eine Tochter und jede Menge Ziele, Pläne und Träume!

Am allermeisten aber, habe ich Sorgen, Gedanken – also eine tagtäglich anhaltende Krise!

Allen Grund zu sagen; „Oh mein Gott! Das wars jetzt" – „JA"!
Genau diesen Punkt, an dem ich jetzt stehe und ähnlich denke, soll die Richtung aber, in die meine gewünschte, gelenkt werden!

MICH MEINEN GEWOHNHEITEN
STELLEN!!!

Wichtig dafür;
GLAUBENSSÄTZE ÜBERPRÜFEN
SOLL- UND ISTZUSTAND ABGLEICHEN
VERÄNDERUNGEN UND AUCH
MÖGLICHKEITEN DURCHLEUCHTEN!

Mir fällt es gerade jetzt, in diesem
Moment sehr schwer!
Denn diesen Entschluss, den ich
gefasst habe, diesen fasste ich bereits
mindestens schon, zig-tausend-Male!

Immer und immer wieder verwarf ich
meine Vorhaben! Mein -ANGEHEN- der
Krise!
Denn ja, ich mache kein Geheimnis
daraus, diese Überwindung – dieser
Beginn, der erste Schritt –
Er ist der Schwerste!

Denn Gewohnheiten wollen einen kontrollieren, leiten.
Vielleicht auch täuschen, in dem sie ein Gefühl von vermeintlicher Sicherheit vorgeben!

Jetzt heißt es für mich;
-ANGEHEN-
-DRAN BLEIBEN-
-AM ENDE ERFOLG HABEN-

Zunächst einmal geht's darum, die Träume und Visionen, welche ich habe nicht zu verwerfen oder zu vernichten.

Es geht darum, das Gewicht, den Wunsch vom Traum und Ziel zu definieren, wie dies in Aktivitäten umgesetzt ausschauen soll!

Gedanken zu gestalten, Bilder zu träumen – dies ist für mich sehr leicht. Weil in mir meine Welt, meine Vorstellung bereits final existiert.

Dieser Traum, diese Vision lässt mich bzw. ließ mich in der Vergangenheit immer und immer wieder das - ANGEHEN- abbrechen!

Nun, wer gibt schon gern seine Träume auf!? Wohl niemand! Vor allem wenn sie doch so schön sind, dass die Realität gar zu schwinden scheint...

Also; wichtiger Schritt!
Aktuelle Lage checken

Finanzen:	mau
Wohnsituation:	unzufrieden
Beziehungsstatus:	belastend
Job:	Frust, arbeitslos

BÄM!!!

Wieder einmal notiert! Wieder rotieren die Gedanken gerade! Es ist so viel! Ja! Es ist so viel, aber es wird nicht anders, wenn ich nun wieder diese verfassten Seiten vernichte oder nur aufschreibe...

Jetzt beginnt der Schritt! Der Beginn! Die Reise, die ich nie begann!

Tag für Tag, notiere ich nun Veränderungen, Maßnahmen – Welche zum Ziel führen sollen!

Es wird Arbeit! Es muss etwas getan werden! Ich muss aktiv werden! Auch hier bin ich ehrlich – Hier kommt der „innere Schweinehund" hervor, mit seiner Gewohnheit.

Gewohnheit lautet: ICH WILL NICHT VIEL TUN MÜSSEN... ALLES SOLL ZU MIR KOMMEN...

Auch dies ist ein Punkt, meiner bisherigen, vielen Abbrüche – vom eben erwähnten -ANGEHEN-! Leider!

Diese beschissene
BEQUEMLICHKEIT!

Ausdrucksform nicht sehr schön, aber
treffend!
Wahre Worte, sind bekanntlich nicht
immer nur schön!

Meine Situationsanalyse:

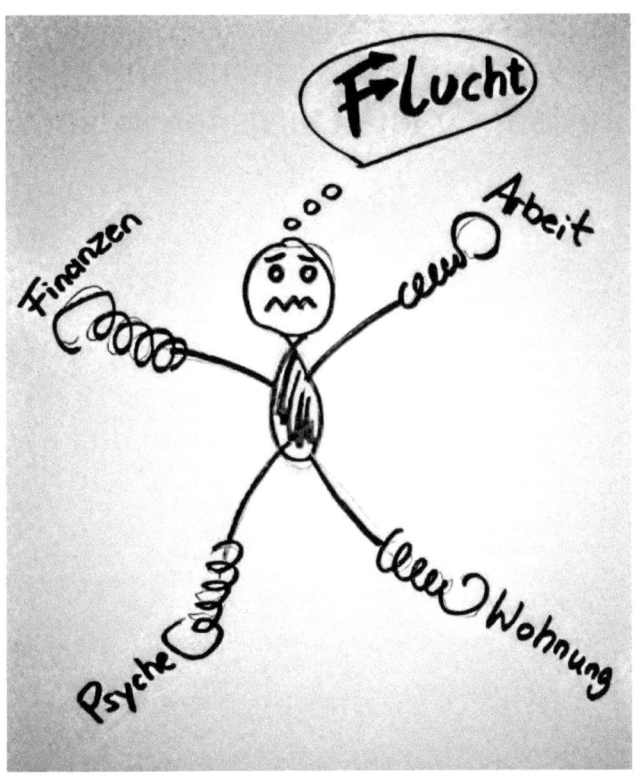

Vier Faktoren die mich derzeit beanspruchen. Dies geht auch an die Substanz!
Jetzt ist es wichtig Treppenförmig, also vergleichsweise mit Stufen oder Schritten die Anspannungen zu lösen.

Auch gut zu wissen und zu erforschen, wer eigentlich alles mit an „meinem Tisch" sitzt!
Jeder von uns, hat wohl mehrere Stimmen, Rollen, Gewissen in sich...

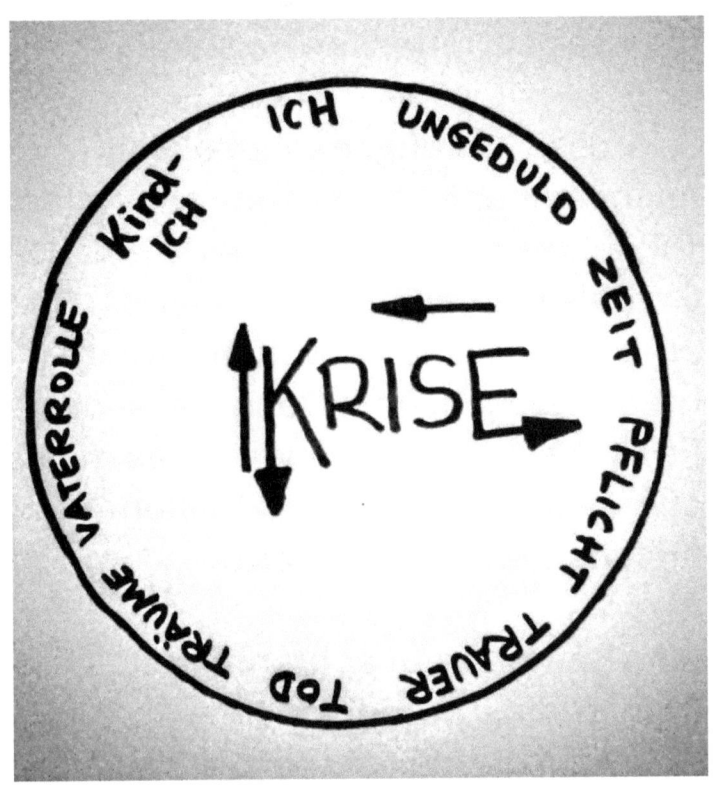

Diesen Tisch wahrnehmen und auch
ernstnehmen. Für den Weg aus der
Krise bedarf es also nun einem starken
Willen und der Bereitschaft, auf alles
einzugehen!

Gerade habe ich wieder so einen Moment, der mich nahezu in die Gewohnheit ziehen möchte, in der ich mit Lyrik zu verfassen beginne!

Depressiv, traurig, nachdenklich – nach meiner Krisensitzung mit meinen Teilnehmenden. Es ist okay, diese Gefühle wahrzunehmen, aber darauf achten, dass die Gewohnheit nicht wieder „zuschlägt"! Denn sie ist die Falle oder viel mehr etwas, was mich aber nicht aus meiner aktuellen Krisensituation befördert.

Also immer drauf achten, dass alte Geister, alte Dämonen einen nicht wieder in die „Finger bekommen"!

Zu meiner Erschwernis kommt noch hinzu, dass ich mich nur sehr schwer abgrenzen kann!

Diese Beeinträchtigung oder viel mehr dieses „Dasein" dieser Eigenschaft, macht es mir nicht gerade leicht – den Weg aus der Krise zu schaffen!

Die eigenen negativen Gedanken, welche ohnehin schon existieren vermischen sich mit dem gesellschaftlichen Missstand noch dabei!

Dabei werden die eigenen Missempfindungen noch verstärkt!

2.0 Träume und Ideen

Träume und Ideen geben einem, Stärke, Halt und Zuversicht in allen Zeiten. Darum sollten wir sie nie verwerfen und schauen, wie wir sie realisieren und somit in die Realität transportieren, um sie dort Wirklichkeit werden zu lassen!

Wichtig dabei ist;
Alle Möglichkeiten und Eigenschaften die wir selbst besitzen, bestens auszuschöpfen.

Ich habe nach wie vor den Traum von meiner Autorenarbeit leben zu können. Das Schreiben als Beruf auszuüben, ist meine vollkommene Erfüllung!

Auch ich, musste bislang mit Absagen und Niederlagen umgehen lernen und sie akzeptieren. Mir bedarf es gar nicht große Bestseller zu schreiben –

sondern Schriftstücke, welche berühren, welche Hoffnungen verleihen – bei allem was man versucht im Leben.
Sie sollen auch den Glauben festigen und die Unterstützung sein, um niemals aufzugeben und niemals den Glauben zu verlieren.

Jeder von uns träumt und besitzt Ideen. Es ist entscheidend an ihnen festzuhalten!
Ich habe Verlage, Magazine, Zeitungen, Vereine, Organisationen etc... angeschrieben, mit der Bewerbung aus Liebe zur Sprache, mit dem sehnlichsten Wunsch – Schreiben zu dürfen.

Es ist nicht leicht, aber sehr wichtig, dabei nicht zu verzweifeln, denn Kompetenzen die wir besitzen und die wir voller Leidenschaft leben können, kann auch keine Absage uns jemals im Leben nehmen!

Auch wenn du, etwas von Herzen gerne tust. Tue es!
Tue es stetig und bleibe konsequent dran!
Denn dieses Gefühl, diese Momente voller Glück – kann weder Geld noch eine Zusage oder Absage bezahlen!

Verliere niemals den Glauben an dein Tun und an dich selbst!

Was mir bislang schwer in meinem Leben aufgestoßen ist, in meiner Vergangenheit, meinem Umfeld – ist, dass es immer wieder Menschen geben wird, welche belächeln was man tut!
Sie wollen deinen Wert mindern, deine Kraft, deine Liebe – die du in DEIN LEBENSWERK investierst, die du in all deine Schöpfung legst.

Oft erlebte ich schon Aussagen wie;
„Kannst du nicht schaffen!"
„Wirst du niemals erreichen"!
„Lese nicht immer diese Depri-Texte"!

Letztendlich hat mich dies, alles
stärker gemacht!
Der Wille in mir wuchs und wächst!
Ich verfasste Bücher und schrieb Texte
ohne Grenzen!

Auch Menschen mit gespielter und
überspitzter Freundlichkeit traten in
mein Leben – doch auch wieder
heraus. *(ich lache)*
Sie gönnen einem weniger als NICHTS!
Daran habe ich aber für mich
festgestellt, ich mache da etwas
richtig! Denn auch was ich bisher
verfasste, mein Publikum nahm es an,
selbst wenn nicht. Egal, ich habe mein
Ding gemacht!

Neid, Missgunst, belächelt werden –
Dies ist eine verbitterte Form von
Anerkennung!
Dies zu lernen, zu verstehen, ist für
dieses Buch, als Art Ratgeber doch in
meinen Augen wertvoll – denn es kann
in allen Bereichen so verstanden
werden!

3.0 Höhen und Tiefen

Wir alle kennen sie –
Die Höhen und die Tiefen.
Aber was genau, ist das Gefühl von
diesen doch sehr stark
wahrnehmbaren Eindrücken!?

Ich erinnere mich, an einen Tag – an
dem ich 24 Texte verfasste!!! An einem
anderen Tag waren hingegen nur 2 bis
3 Texte.

Jetzt erkenne ich für mich im Gefühl
vom Tief – wie schön es doch war, 24
Texte an einem Tag geschrieben zu
haben... es ist also eine Wertschätzung
vom Hochgefühl.

Was ich damit sagen möchte, würde
ich täglich beispielsweise 30 Texte
schreiben, würde es zur – da ist sie
wieder – *Gewohnheit* werden. Ich

wüsste also womöglich, den Wert nicht mehr zu schätzen!

Also lernen wir daraus, ein Tief muss nicht unbedingt immer negativ behaftet sein. Es lässt uns auch hin und wieder besinnen, wertschätzen und fühlen.

Entscheidend in meinen Augen ist jene Erwartung – die uns ins Hochgefühl oder Gefühlstief versetzt.
Darum sollte man versuchen, alles ausgeglichen, vielleicht wahrzunehmen und zu bewerten.

Balance, Gleichgewicht, im Zentrum seines SEINS zu sein, ist eine Stabilisierung, für alle noch herausfordernden und glücklichen Situationen im Leben.

Träume und Ziele – sie verleihen uns Kräfte, Hoffnungen und stärken unseren Glauben ins uns. Jedes noch so kleine Gelingen im Leben, es erfreut uns doch so sehr.

Wer also träumt und Wünsche und Ideen besitzt, ist vielleicht tief im Innern, in Herz und Seele etwas erfüllter von seinem Leben!?

Über diese These denke ich selbst, auch sehr viel nach. Ich versuche sie regelrecht zu verinnerlichen in meinem Geiste.

4.0 Gegen Gewohnheiten

Was benötigt es doch an Entschlossenheit und Durchschlagskraft der Gewohnheit, Einhalt zu bieten!

Gewohnheiten, die einen doch immer wieder so leicht einspannen, so schnell beherrschen, ehe man sich versieht – ist es schon wieder geschehen.

Gerade in diesem Augenblick, kommen wieder Zweifel – die Zweifel, ob ich dieses Buch überhaupt schreiben soll und was es denn bringt!?
Abgesehen davon, dass ich eher in Form der Belletristik verfasst habe, fühlt es sich für mich so an, als ob dies gar kein wirkliches Buch sei.

Sinne, die täuschen. Gedanken die verwirren und Zweifel entstehen lassen, sie sind auch ein Zeichen von Gewohnheiten. Denn diese Art Buch zu verfassen ist neu, ist anders und verstößt also gegen die Routine meines so langen Schreibens!

Aber ich möchte durchhalten!
Die Gewohnheiten ablegen, zumindest ihnen meinen Einhalt bieten!
Dieses Buch ist nicht von der Wichtigkeit geprägt ein Bestseller zu werden oder gar Auszeichnungen zu erhalten.

Mir ist wichtig am Ende des Buches zu spüren, was es tatsächlich bewirkt und ausgelöst hat für mich selbst und auch für andere Menschen, die ich erreiche, erreichen möchte.
All jene, die sich vielleicht verstanden fühlen.

Wir alle kennen doch unsere Gewohnheiten.

Ein gutes Beispiel sind auch Vorsätze, welche wir doch am Ende eines jeden Jahres, fürs neubeginnende Jahr uns vornehmen.

Davon habe ich mich schon geistig verabschiedet, distanziert – denn Änderungen sollte man direkt - ANGEHEN-, da man in die Komfortzone zu rutschen droht und die Bequemlichkeit wieder die Gewohnheit bestärken könnte!

Zu den Gewohnheiten, kommen aber auch noch andere Faktoren wie etwa; Verantwortungen.

5.0 Verantwortung

Verantwortungen oder auch Verpflichtungen umschließen uns ja nahezu alltäglich.
Ob beruflicher oder privater Zuordnung.

Auch hier ist die Balance ein ganz wichtiger Faktor, ein sehr wichtiger für mich!

Aus eigener Erfahrung habe ich zu hohem Verantwortungsaufkommen hin und wieder die Kontrolle verloren.

Da ich von Natur aus, ein pflichtbewusster, gewissenhafter Mensch bin – habe ich auch hohe Ansprüche, hohe Anforderungen an mich selbst. Damit verbunden habe ich auch eine geringe Geduldsschwelle!

Diese Verantwortungen und der dabei erzeugte Druck verursachte bei mir eine langanhaltende depressive Episode!

Zweifel und Gefühle vom Scheitern/Versagen – sie überkommen mich, hier war die Gewohnheit ganz „frech" und „schlimm" – denn sie machte mich nahezu nieder!

Gründe aus der Vergangenheit, Vorwürfe, Versagen, Ängste, Sorgen – wahre Notzustände!
Diese Zeit war keine leichte!
Denn in dieser, hatte die Gewohnheit sehr viele negativgeprägte Verbündete.

Eine Abhilfe hat mir in diesem miserablen Zustand, nur eine therapeutische Maßnahme leisten können.

Gesprächstherapie, Schreibtherapie!
Sie haben mir geholfen, um mein
Muster, mein Verhalten zu analysieren.
Dabei stellte ich sogar sehr, sehr viele
„gewohnte" Verhalten fest!

Ich selbst finde es gar nicht so leicht,
aus einem gefestigten Muster, Schema
„auszubrechen"!
Teilweise finde ich strukturierte
Abläufe sogar gut und sie sind auch
von Vorteil – engt aber auch wiederum
ein und ich neige schnell dazu mich
mit Dingen scheinbar abzufinden, oder
Gegenteil doch eher – die Flucht!?

6.0 Etwas Lyrik

Die Lyrik, was löst sie bei mir aus?
Mir gelingt es in einer Kurzform, also
Gedicht – Themen zu verarbeiten, zu
verfassen, für welche ich nicht die
Geduld besitze, diese in eine
unendliche Länge zu ziehen.

Den Weg zur Lyrik, auch Songtexten –
den fand ich durch die Musik!
Im Jahr 2006, mit vollgepackten
Gedanken im Kopf, wusste ich einfach
nicht mehr wohin damit.

So begann ich Wörter zu schreiben,
Satzbausteine, bis hin zu fertigen
Gedichten und seit 2009 auch
Songtexten.

Warum ich dies hier kurz erzähle, um
deutlich zu machen, dass irgendwo im
Leben, irgendeine Sparte für jeden von
uns existiert.

Ich fand den Weg zur Musik, zum Schreiben durch Zufall – dachte ich oft und lange.

Aber heute mit 35 Jahren, denke ich – es war meine Bestimmung, ich habe meine Berufung gefunden oder erhalten.

Es fällt manches Mal eine Last, wahre Felsen fallen auch hin und wieder vom Herzen, wenn ich einfach all die gestauten und erdrückenden Momente niederschreiben kann.

Vielleicht steckt auch in den Menschen, die ich erreichen möchte – dieser leise, stille Schreiber!?
Wer weiß dies schon?

Tagebücher kenn wir wohl alle, ich kannte es als Kind nicht. Da ich sehr introvertiert gewesen bin, habe ich vieles in mich wahrlich „reingefressen"!

Das Schreiben, war also für mich, eine Art -Rettung- oder -medizinisches Mittel-

Heute bin ich sehr froh, schon so viele Gedichte und Texte verfasst zu haben, denn mir bereitet es einfach sehr viel Freude und es bedeutet mir einfach sehr viel, Menschen erreichen zu können.

Ich hatte es nicht immer leicht im Leben, wie sicher viele andere auch – gewiss haben es andere Menschen auch noch schwerer gehabt wie ich.

Diese Texte sollen den Menschen zeigen, keiner ist jemals allein – mit all den Sorgen und Problemen, die er hat.

Denn auch ich habe meine, heute noch aber das Schreiben ist meine Therapie...

Darüber hinaus geht es in die Philosophie, in die Kunst, ich beschäftige mich mit Musik, Liedern, Liedermachern, Bands etc...

Und nun die Botschaft;
Man kann aus vielen Stücken, seine persönlichen Vorteile ziehen. Vorteile im Sinne von – Halt zu finden, verstanden zu sein, das Gefühl von nicht allein zu sein...

„In diesem Sinne, ich schreibe um mein Leben gern"
Christian Hofmann

7.0 Gespräche und Abgrenzung

Auch hier sind prinzipiell schon Gewohnheiten verankert. Denn unser Verhalten ist auch teilweise erzogen, antrainiert oder aus Erfahrungen noch hinzu entstanden.

Da mir selbst die Abgrenzung immer wieder sehr schwer fällt, muss ich während eines Gesprächs oder einer Diskussion – meine emotionale Ebene noch intensiver berücksichtigen und versuche somit auf sie einzugehen.

Ich neige oft dazu, mich in einem Gespräch mit dem jeweiligen Sachstand zu verschmelzen, wie eins zu werden. Dabei ist es eigentlich total egal ob es für mich emotional wichtige oder eher banale Dinge sind.

Mein Training und mein Vorhaben, dies besser zu kontrollieren – bedarf es an Geduld und an Zeit.

Hin und wieder stelle ich fest, dass es mir auch gelingt, meist aber bei vertrauten Menschen, weil ich weiß „sie würden einen nicht verstoßen" – egal was man sagt, wie man es sieht, oder was man halt über Dinge und Situationen denkt!

So versuche ich jeden Tag, immer mehr und mehr an mir anzupassen, dass ich etwas „leichter" durch den Alltag gehen kann. Ich weiß, dass ich andere Menschen, diese Gesellschaft, den Lauf der Welt nicht verändern kann, also bleibt mir auch hier die Möglichkeit, welche ja ein positiver Effekt ist – meine Gewohnheiten etwas zu variieren.

Mit den Gewohnheiten ist es schon so „eine Sache"!

Meist rutschen wir ungewollt, unbewusst in diese ja hinein, während eines Gesprächs. Mir geht's so, wenn ich zu konzentriert bin auf zu viele Punkte achte während eines Gesprächs, die vielleicht für den Inhalt gar nicht vom Wesentlichen sind.

Ich denke über meine Lösung nach und möchte sie wie folgt handhaben;

Bei Gesprächen ruhig und aufmerksam zuhören. Emotionalen Abstand einbringen und wozu wir Menschen, so geht's mir zumindest – ja des Öfteren neigen, Kritik anzunehmen ohne gleich mit dem Gedanken -RECHTFERTIGEN- zu antworten. Viel mehr sogar, eher Gegenfragen stellen.

In der Theorie, bei den Gedankengängen wirkt dies immer so einfach und toll! Aber es bedarf dem Training! Zeit und Geduld ist hier ein wesentlicher Faktor, denn Veränderungen benötigen Zeit, gerade wenn wir von Gewohnheiten sprechen.

Das beste Training, habe ich für mich festgestellt, ist gar nicht eine Gesprächstherapie oder einem Fallgespräch. Das beste Training ist natura. Bei Vorstellungsgesprächen oder Unterhaltungen über Ansichtsweisen. Denn man bekommt direkt eine Reaktion, nicht etwa in einem „geschützten Rahmen" – sondern in der Realität.

Ich stelle fest, seit dem Willen – meine Gewohnheiten bewusster kontrollieren zu wollen und sie ggf. abzuändern, denke ich mehr darüber nach, wie noch beim Verfassen von Reimtexten oder Gedichten. Denn hier ist für mich der Unterschied. In Gedichten sind es Wünsche und Ideen.

Doch darüber nachdenken, verinnerlichen und lernen damit umzugehen, Stück für Stück Veränderungen herbeizubringen, das ist ein realer Vorgang!

So sehe und verstehe ich vielleicht, meine Texte, all die Reime als Vorbereitung auf dieses Vorhaben.

Als Tipp kann ich mitgeben, bei solchen Veränderungen, bei solchen Zielen – sollte man sich nicht selbst kritisieren, wenn es nach den ersten Gesprächen noch keine Feststellung von Veränderungen abzeichnet. Denn wie gesagt, die Geduld und die Zeit, sind die ausschlaggebenden und wichtigen Faktoren für die Umsetzung.

8.0 In aller Munde

Dieses Kapitel befasst sich mit dem Standpunkt in der Gesellschaft bei Arbeitslosigkeit, Gewissen kurzum einfach – in aller Munde zu sein!

In meinem Leben, war ich bereits mehrmals schon arbeitslos!
In Erinnerung des Gefühls habe ich immer und aktuell -SCHANDTAT-!!!

Meine Arbeitslosigkeit war und ist oft bedingt durch Überforderung, über die Schwierigkeit von Abgrenzungen. Hinzu kommt noch diese Nicht-Erfüllung meiner Berufung, weil ich als Autor allzu gerne meinen Unterhalt bestreiten möchte...

Seit meiner Depression im Jahr 2014 welche ich durch therapeutische Unterstützung stabilisieren konnte neige ich dazu, mich Zuständen nicht länger mehr auszusetzen, als meine Belastbarkeit es mir zulässt!

Ich lebe achtsamer und mit mehr Augenmerk auf meine eigene Gesundheit!
Leider fallen mir Abläufe mit der Zeit, immer schwerer. Vielleicht auch weil sie eine einschleichende Gewohnheit mit sich bringen.

Da mir auch hier die Abgrenzung missfällt, hat die wohl stark zunehmende und anhaltende Gewohnheit – sich als negativ in meinem Geist gefestigt. So analysiere ich und verstehe ich es, in diesem Moment, in dem ich mir hier bewusst die Zeit nehme und es reflektiere.

Seit meiner Depression und dem damit verbundenen Burnout im Jahr 2014 –

ist meine Belastungsgrenze aber spürbar und deutlich gesunken!

Leider wird mir heute immer nachgesagt, dass ich ja vielleicht gar nicht arbeiten möchte! Dass ich ja ein „Faules Stück Scheiße sei".

Aber meine Erkrankung, spielt dabei keine Rolle!

Ich will mich hier auch nicht rechtfertigen, aber es muss mal raus von meiner Seele! Und ich bin mir sicher, absolut sicher – dass es anderen Menschen auch bereits schon so erging, ergeht...

Aber ich möchte mich nicht mehr verstecken mit dem ganzen Ballast!

Heute sage ich mir hier an dieser Stelle

„MIR ist es total egal, was andre über mich sagen, denken, meinen und spotten"!

Jeder sollte mal auf sich achten! Inne gehen und mehr bei sich bleiben, als ständig andere zu kritisieren!

Meine Botschaft ist an dieser Stelle; Versteckt euch nicht, schämt euch auch nicht! Sucht euch professionelle Hilfe, fangt an Tagebücher zu schreiben, malt oder zeichnet Bilder, geht in die Natur, viel an die frische Luft, fangt an zu fotografieren – ganz egal was auch immer...

Findet das, was euch Ruhe und Einklang bringt

Keiner in dieser Gesellschaft, wird uns – dich oder mich retten – Das ist Fakt!

Wir Menschen sind in dieser Gesellschaft nur ausführende, angestellte, bezahlte, leistungsorientierte Mechanismen – die lediglich ihren Zweck erfüllen sollen!

Dies klingt vielleicht hart und schmerzhaft, gar traurig – aber in meinen Augen, ist dies leider die Realität, so habe ich sie erfahren, so nehme ich sie wahr und so versuche ich in dieser Gesellschaft, mit all meinen Wunden, Narben, „Weh-Wehchen" – meinen Platz zu finden!

Es ist mir ein persönlich, ganz erfülltes Leben, wenn ich Menschen erreichen kann, Menschen – denen diese Texte die ich bereits verfasst habe und auch noch verfassen werde, ein Hilfsmittel sind, ein Trost, ein Halt.

Ein solcher Halt, wie die Musik es einst

für mich gewesen ist! Dank der Musik, habe ich das Schreiben für mich entdeckt, und mein Herzenswunsch ist es einfach Menschen zu erreichen!

„Öffnet die Augen, findet euer Mittel, eure Hilfe in dieser Gesellschaft, ist da – man muss nur genau hinschauen"
Christian Hofmann

In meinem Fall noch dazu, gibt der Glaube noch eine wesentliche Kraft! Ich spreche hier nicht von in meinen Augen „scheinheiligen Kirchenbesuchen" – in denen man den Klingelbeutel schön befüllen soll oder über religiöse Organisationen, welche aus dem Leid noch Profit schlagen möchten! NEIN!
Ich spreche von dem Glauben, den ich in mir trage! Welcher mir Kraft gibt und mich auch dieses Buch hier schreiben lässt!

Schlusswort

In diesem Sinne, vielen Dank, dass Sie sich für dieses Buch entschieden haben. Ich wünsche, dass es Ihnen vielleicht neue Eindrücke, neue Eingebungen vermitteln konnte.

Es war mir eine Herzensangelegenheit, nach dem Ende meiner Lyrikbände, diese Art Ratgeber oder Begleiter noch hinterher zu senden.

Bleiben Sie sich treu, ich wünsche Ihnen liebe Leserinnen und liebe Leser, alles, alles erdenklich Gute, eine schöne Zeit und vor allem Freude und Gesundheit.

Ihr Autor,
Christian Hofmann

Von ganzem Herzen

Ich kann für dich wohl nicht der Vater
sein,
der ich so gern doch für dich sein wollt'
Weil jede Zeit meiner Kindheit –
Jede kleine, noch so kurze Erinnerung
mich ständig einholt!
Ich muss immer am Papier sitzen
Symbolisiert vielleicht ein –
„Aus Leid schreiben, statt sich in die
Haut ritzen"!?
Oder sich mit irgendeiner Scheiße von
Chemikalien zu spritzen!

Ich habe so lang nicht mal mehr – zu
Gott gesprochen!
Doch seit du da bist, seit deinem
ersten Tag nun schon –
Bete ich, all die ganzen Wochen

Ich liebe dich!

Ich hoffe du kannst es mir später
glauben
Ich will und werde, so gut ich nur kann
–
Für dich da sein mein kleines
Mädchen!
Was ich hier schreibe, ist auch so
gemeint, mit ganzem Herzen!
Was geschrieben werden muss – Dies
muss geschrieben werden!

Wollte dich und Mama, doch niemals
zurücklassen!
Ich bete zu Gott, dass er euch beide
beschützt –
Ich liebe dich – und werde mich
hassen!
Gott soll auf deinen Wegen sein und
bleiben
Und mit mir – soll er, was ich verdiene,
schon machen!

Papa braucht so viel Zeit allein
Doch es liegt nicht und niemals an dir,
meine Kleine!
Papa war schon als Kind zu gut, zu
allen
Doch alle ließen Papa zurück, er
musste und durfte allein in die Nesseln
fallen!
Wenn sie etwas wollten, dann war
Papa gut genug
Und „Nein"! – Habe ich nie gesagt!
Warum verdammt!? Verflucht!?

Heute bin ich immer noch am Leiden
Kleines, darum muss Papa auch so viel
schreiben!
Doch ich liebe dich sehr, ich trage dich
im Herzen
Von den ersten bis zu den letzten
meiner Seiten!

Ich wäre gern für dich, der Papa
gewesen – der ich für dich sein wollt'

Doch es gibt zu viel, einfach zu viel –
was mich ständig wieder einholt!
Ich bete jeden Tag zu Gott – Ja, ich
glaube so sehr an ihn!
Er soll dich und Mama beschützen, mit
mir soll er machen, was ich verdien!

Ich schaffe es nie Arbeitsplätze zu
halten
Sollen sie doch, wenn sie schon
lästern! Ihre Hinterhältigkeit bestens
gestalten!
Ich liebe dich und dies so sehr!
Ich brauche den miesen Rest nicht,
denn sie machen einem nur das Leben
schwer!

Ich nehme hier so viel, von mir aus
alles, in Kauf!
Hauptsache um dein Wohl, zu deiner
Liebe – ich gebe hier, niemals auf!
Ich wäre gern für dich, der Papa
gewesen, den du verdient hast –

Doch das Leben ist nicht immer fair,
auch dass wirst du lernen, ich weiß –
dass es dich stark macht!

Papa hat den Weg bis hier geschafft,
Papa ist dankbar, dass er dich hat!
Papa betet zu Gott, dass er dich
beschützt, dafür soll er mit mir
machen, was Papa halt verdient hat!

Ich liebe dich, mehr als mein eigenes
Leben!

Es muss schmerzen, es muss weh tun
Es geht um die Ehrlichkeit und um
keinen Ruhm!
Ich muss es schreiben, muss es alles
erwähnen
Vielleicht trocknet Gott, eines Tages
meine Tränen

Mir ging es nie um Preise
Auch um keine vergoldeten Pokale
Es geht einzig und allein um das Gefühl
Es ist das Einzige und das Wahre!

Bonus: Poesie für die Seele

Aus dem Sammelwerk –
Entgegen der Zeit

Für die Seele

Mein gutes Herz
Viel erfahren, wahrlich
So kennst du mich doch gut
All die Freude, auch die Trauer –
Mein Lachen, überdauert all dem
Schmerz

Ich will jeden Tag, doch gern sagen
können, wahrhaft sagen können
Ich lebe und liebe dieses Leben
Mit all dem, was es mir doch, hat gegeben

Ich liebe den Sonnenstrahl am Morgen
Auch bei ganzem Tag
Ich fühle mich wohl, in all der
Farbenpracht, auf dass es mir doch
wohlergehen mag

Auf die Hoffnung, den Glauben, auf all
des Willens Kraft
Auf ein gutes, glückliches Leben
Was du mein Gott, mir auch bescheret
hast

Frei

Frei vom Neid
Verschont vom Gift der Zeit
Wahrlich leben, gefühlsecht, nah und klar
Frei von Lüge, herrlich sonderbar
Wer wünscht sich nicht,
dass es so am Ende des Lebens denn
wirklich war!?

Wer wünscht sich nicht,
sagen zu können, ich habe gelebt –
Frei
Frei von Schlechtigkeiten, frei von
Lügen und Intrigen verbreiten

Wer will am Ende des Lebens,
denn schon Abschnitte bereuen?
Wir können noch ändern,
an jedem Tag, an jedem neuen

Möge Gott meiner Seele am Ende –
Meines Lebens gnädig sein
Möge er mir nachsehen, meiner
Dummheit, bitte, bitte doch verzeihen

Unter den Sternen

Unter den Sternen tanzen
Im Wohlgefühl unter dem Himmelzelt auf,
Gottes festem Grund
In deinen schönsten Farben, ja sie
strahlen, in deinem ganzen Bunt

Himmelblau, auch wolkengrau
Es sind die Teile in deinem Leben
Tritt nach vorne, gehe los –
So kannst du dein Leben nur bewegen

Der längste Reim meinerseits

Es gibt doch so viel
Was ich zu schreiben habe, sprich,
was ich zu sagen habe –
An jedem meiner geschenkten Tage

Mir gehen die Gedanken nicht aus
Ich schreibe über alles aus dem Leben
Setze auf die Kraft und Werte –
Dies machen meine Reime und Gedichte
aus

Ich möchte alle Menschen erreichen
Momente genießen, denn unsere Zeit –
Sie wird verstreichen
Botschaften voller Hoffnung und –
Versehen mit Zielen
Aber auch Gesellschaftskritik, scharfe
Zunge, weil manche Taten diese halt
verdienen!

Ich kann nicht immer nur, freudig und
liebevoll in Poesie Gedichte schreiben
Manchmal sind es auch, leider mal

Depressive Reime, denn ich selbst bin –
Und sehe so viele Mitmenschen,
ebenfalls auch am mit-leiden

Aber alles in allem –
Kann und will ich über alles schreiben
Nichts ist schöner, als ein Lächeln –
Als ein Wohlgefühl, den Menschen in die
Herzen zu zaubern

Mit der Liebe zur Sprache
Mit dem lieblichen Gefühl zu Wort und
Schrift
Schreiben gegen all der Menschheit, auf
der Welt, injiziertes Gift!

Ich schreibe aus wahrlich –
Aus dem guten Willen
Bei dem Schreiben kann ich gleichzeitig
Meine Schmerzen stillen

Alles was geschrieben ist
Ist auf dem Papier doch gesagt
Alles was auf Herz und Seele schwer
lastet
Was mein Inneres doch beklagt

Es sind diese
Sonnen- und die Regentage
Alles ist Teil unseres Seins –
Es sind Texte, aus aller Lebenslage

Ich dichte und kreiere
Über Psychologie, Soziales –
Ja ich philosophiere – und ich
Stelle diesem Leben, all meine Fragen
Weil ich wissbegierig bin, denn
in meinen Augen, ergibt im Leben
letztendlich doch alles einen Sinn!

Doch es gibt für alles eine Grenze
Die unser Denken und Hinterfragen
übersteigt
Dies sind Antworten, die wohl nur Gott
kennt, in seiner Ewigkeit

Ich glaube an Bestimmung
Und ich glaube auch an Zeichen
Einfach und alleine aus dem Grund –
Sonst verfasste ich nicht, all diese Zeilen

Die Worte sie fließen nur so
Durch mich hindurch
Durch meine Adern, durch mein Blut
Wenn ich schreibe, wird das Leid
gemindert, ja wie wohl es tut

Dieses ganze Leben ist so viel
So viel – mehr
Praktisch, geistig
Natur, Wald, Himmel, Grün und Meer

Diese Welt spendet alles
Was der Mensch hier zum Leben braucht
Doch es ist so traurig,
wie der Mensch die Natur so
missbraucht!

Politik, Wirtschaft, ReGIERung
Menschen egal, es zählt nur die
Finanzierung!
Existieren, Exit, Exekutieren
Belügen, blenden und schmieren

Aber: STOPP!
Politik und Ungerechtigkeit, darauf habe
ich echt keinen Bock!

Keinen Bock mehr
Weil sie verletzen uns alle
Unser aller Herz, so sehr!

Und jetzt hier an dieser Stelle wieder
Einen Übergang zu finden
Bekomme ich nur hin, wenn
für meine Träume und Ziele, all die
Negativitäten schwinden!

Ja bei Gott, diese Welt ist nicht gerecht!
Aber leider alles wahr und lebensecht!

Also wieder in meine eigene Welt
abtreten
In meine Welt in mir, wo die Sprache lebt
Sie wird nie vergehen

Als Kind war die Welt noch so schön bunt
So unbegreifbar groß
Wann hat uns wer verdorben
Aus unserer Liebe vertrieben, wer was es?
Sag bloß!

Jetzt bin ich selbst auch ein Vater
Mein Kind, das ich über alles liebe!

Wie erkläre ich nur diese Welt
Zwischen bunten Büchern, Bilder malen
und Hunger und Elend – die Sinnlosigkeit
von Hass, Gewalt und Kriegen!?

Zum Glück aber gibt's ja
Viele gute Lieder, von guten
Liedermachern
Die besingen und beschreiben, von
Vorsicht vor den Widersachern!

Zum Glück fand ich selbst die Musik
Dadurch das Reimen und das Schreiben
Ich versuche stets immer das Beste im
Leben zu geben, im Sinne von Gefühl
So ist es, dabei soll es bleiben!

Überwertet wird hier das Geld
Darum schreibt man Geschichten wie,
der Held rettet die Welt
Dieser Gedanke, ja er gefällt!

Wie Gefühle sich entwickeln
Wie Gefühle sich verändern
Damals mochte den Sonntag nie –
Heute gehe ich an ihm schlendern

Denn der Sonntag kommt mir vor,
wie ein Tag, an dem die Welt stillsteht
Auch meine Gedanken sind dann ruhig,
weil alles ruhig ist und sich nichts bewegt

Ich spüre in mir dieses;
UP und dieses DOWN
Dieses Selbstzerstören und auch
Dieses ganze Selbstvertrauen!

Gott, lässt dich entfalten
Gott, lässt dich sein
Der Teufel, er zwingt, er zwängt,
er drückt und er reißt –
Er will dich und mehr von dir, ungemein!

Ich wollte eigentlich gerne
In jedem Buch, meine Lebensseiten
differenzieren
Soll heißen, aus allen Lebenszeiten,
das Schlechte aus dem Guten sezieren

Doch ist es mir nicht gelungen
Vermischt sind alle Zeiten
Doch, es zeichnet mich aus
Das bin ich!

Es ist lebensecht – auf allen Seiten

Und so stehen da, in einem Buch
Die guten und die schlechten Zeiten –
Teilweise geordnet,
teilweise *-passiert-*
Es sind des Pendels Abschnitte
Alles einst, echt erlebte Zeilen

In manchen Etappen
War ich vor dem Ziel, regelrecht am
Zusammenklappen!
In anderen Episoden habe ich
überstanden, manche Qual, das Leid –
Manche Tode!

Jeder Text
Ist von mir und ist echt!
Gefühl, er transportiert –
Ich der Dichter, Autor, verifiziert!

Fühle mit deinem Herzen
Spüre Bauch und Verstand
Denn bevor du, alles glaubst was du,
auch hörst oder siehst, hinterfrage –
Ob du wirklich vertraust!

Um den Text nun,
hier abzukürzen
Um Gottes Willen und
Meinet Wegen
Tue das, was ich hier beschreibe –
genieße dein

L E B E N

Ohne Zeilen

Jetzt mal im Ernst man
Da hört der Spaß auf!
LAMY©-Patrone nachgeladen
Es fließt Tinte aus dem Lauf!

Ich ballere Reime und die Ohren – Ohne
Schmerzen, die aber trotzdem, tief bohren!
Ich glaub' ich kann das Reimen niemals
lassen!
Wenn ich mir ankuck, was die mit der Welt
hier machen!

Ich meine, ich wollte nich' mehr reimen
Mir selber zeigen – Öy! Ich kann ohne Zeilen!
Doch fuck it! Stolz beiseite!
Hab' meine feste Meinung, es gibt Breitseite!

Ich hab' was gegen Pickel und Ausschlag!
Das is' der Grund, warum ich's Texte texten
drauf hab'!
Ich sehe all die ganze Scheiße! Un' weil ich
auch in dieser Welt hier lebe – teil' ich aus
auf meine Weise! Yeah!
Ich bin noch längst nicht am Ende meiner
Reise!

Höhen und Tiefgang

Du bist gegangen, durch –
Raue und rissige Zeiten
Das Leben, es zeigte dir
All seine verschiedenen Seiten

Mal warst du mit auf den –
Höhen musikalischer Wellen
Mal warst du auf Tiefgang –
Und dir drohte es, am Grund zu zerschellen!

Alles was du nun,
bislang verfasst hast –
Es sind deines Lebens,
Wunder und Narben – Ziele und Verpasstes!

Und so schreibe ich fleißig weiter
Was ich doch nicht mehr machen sollte!
Reime aus dem Leben, weil –
Ich nicht mehr so oft am Papier sitzen wollte!

Doch das Schreien es ist mein Atmen
So bekomme ich meine Luft
So gestaltet sich doch,
Zeile für Zeile Vergangenheit und Zukunft

Sinn finden

Wir kommen, wir verschwinden
Versuchen im Leben einen Sinn zu geben
oder zu finden

Wir lernen, wir erfahren
Wir vergessen, wir bewahren
Achtung! Achtung!
Das Leben birgt Gefahren!

Freude und Trauer
Wirbelstürme, Regenschauer
Sonnenschein und gefrorenes Eis
Alles blüht, dies Leben heißt

Wolken ziehen so zeitlos, ungestört,
ungebunden
Ganz ohne Strukturen, ohne Bestimmung
von der Stunde
Frei am Himmel, in alle Richtung weit
Ganz gleich ob hell oder dunkel, im Verlauf
der Tageszeit

Gottes Acker, schöne Welt
Wiese, Wald, Erde, Himmel
Gesamtbild, es gefällt

Lebensspur

Jetzt heißt es anschnallen!
Es geht auf die Lebensbahn!
Rauf und runter im Karacho –
Geschwindigkeit im Affenzahn!

Jetzt geht's auf und –
Da geht's ab!
Fuß aufs Pedal
Leben AN! Vernunft ist mal egal!

Genieße das JETZT!
Nur den MOMENT!
Denn die Zeit vergeht,
weil sie nur so rennt!

Fern von Gedankenschleifen
Mit Vollgas ins Gefühl
Bis an den Rand – Absprung!
Deine Reise zu deinem Ziel!

In diesem Rausch sage ich dir –
Da steckt die Freiheit – pur!
Dies ist eine weitere
L E B E N S S P U R

Nicht genug

Ich frage mich, ob wohl auch
Insekten, in Sekten sind!?
Ob in Ecken sich verstecken für –
Aus den Augen, aus dem Sinn, denn etwas
bringt!?

Hin und wieder spiele ich Lotto
Auch sammele ich, den Dosenpfand
Denn Geld haben kann nie mehr als genug
Denn jeder hält offen, in dem Leben, seine
Hand!

Versicherungen, Rechnungen und so allerlei
Staatsdokumente und deren Berechnungen
Deren Vorschriften und Paragraphen –
Alle wollen etwas, vom Ganzen haben!

Wo hat der Hase seine Nase?
Wo hat das Mäuschen bloß sein Häuschen?
Woher kommen all die Krokodilstränen?
Auf und ab, Glück- und auch die
Pechsträhnen?

Warum krabbeln denn die Spinnen und –
Warum fliegen denn die Fliegen?
Wer möchte schon gern verlieren?
Ein Jeder möchte doch gern siegen!

Donnerhall und Mauerfall –
Menschen waren voller Freude überall
Vereinigung und Demokratie –
Davon sind wir heute entfernt, viel zu weit,
so weit wie nie!

Politik: 8 Milliarden

Diese ganze Welt
Ist in Lug und Trug zusammengeschustert
Fälschlich, skandalös –
Doch wird mit 1A, bravourös gemustert

Abgas-Skandale
Politisch-wirtschaftliche Affären
Alles ist doch lange gut
Aber wenn's ums Geld geht, wird man sich
beschweren

Das Leben breit gefächert
8 Milliarden-Region
Ich spiele auf den Abstiegsrängen!
Relegation

Ich höre allzu oft –
Das Leben sei ein Kampf, du musst kämpfen!
Ihr miesen F**R da oben,
mit euren Zertifikaten, euren gefälschten!

Ihr wollt uns kleinhalten
Bis hinten gegen
Ich ballere Reime und Verse
Denn ich habe etwas dagegen!

Kommt doch mal zum
LYRIK-BATTLE
Seid ihr geistig unterlegen
Nutzt auch kein Spick-Zettel!

Leben: Banal, real, katastrophal

Nach einem neuen Monat, neue Richtlinien
Versuch vom Durchbruch der Gewohnheit

Ständig jeden Euro zweimal drehen
Auf jeden kleinen Cent achten!
Frust am Arbeitsplatz,
als würde die Arbeit Spaß machen!?

Auto-Reparaturen, TÜV
Beschissene Lage mit der Wohnsituation
Verspannungen, Schmerzen, Gedanken –
Wie es alles denn, weiter gehen soll!?

Wie geht's weiter?
Wie kann ich Geld sparen?
Wo ist die Zeit für mich?
Wie kann ich mich abgrenzen, es ist alles
zum an die Wand fahren!

Kontrollverlust, nichts ist nach meiner Vorstellung!
Bin müde, habe Frust, Trauer, wirke kraftlos
Ein Teil in mir, hat bereits aufgegeben!
Wo fange ich noch an? Überall Durcheinander und
Chaos!

Nur wenn ich schreibe –
So ist alles betäubt!
Flucht in meine eigene Welt
Unerreichbar sein, Christian träumt...

Ich habe gedacht
Und ich habe geglaubt
Ich habe nur geträumt und wohl –
Nur Gedanken erbaut

Es kommt die Zeit
Im Anflug, hart und rigoros,
in der du nicht mehr zurück blickst!
Alles, alles lässt du los!

Alles –
Was dich so nach unten zieht!
Wo keine Hoffnung und kein Glück,
mehr beieinander liegt!

Vergessen ist jede Erinnerung
Nur nach vorne!
Denn es geht nur noch darum!
Nur noch WEIL! Kein WARUM!

Und hoppe, hoppe Reiter
Wenn er fällt, ja dann schreit er!
Ich bin geritten und –
Ich bin gescheitert!

Und fällt er in die Hecken
So befallen ihn die Zecken!
Und den Letzten, den beißen die Hunde!
Je weiter der Weg, desto schlimmer die Stunde!

Literatur: Mein Schreiben

Wo steckt die Treue meiner selbst
In all meinen Texten?
Ich schreibe in „RAP", in „ROCK" und
Als Liedermacher, kenne mich selbst am besten!

Ich bin kein fester Stil
Ich bin keine feste Richtung
So wie ich fühle, so schreibe ich –
Ich sprenge jede Dichtung!

Ich kann nicht anders
Als wie ständig reimen
Kann nicht anders sprechen
Als wie in verfassten Zeilen!

Lyrik

Historik

Analytik

The fighter is back!

Yeah! The fighter is back
Ich distanziere mich noch mehr
Von all eurem Dreck!
Kaffeekränzchen halten, ruhig im Sessel sitzen
–
Dies dauert noch lang
Blick auf die Sache, sehe was passiert und ich –
Schmeiße den Motor wieder an!

Es geht einzig und allein –
Nur noch um die Kohle!
Verkauft wird das Ganze von ihnen unter;
„Dem Menschen zum Wohle"
Kapitalismus, nur dieser noch zählt!
Nur noch Dienstleistungen, denn dem
Menschen –
Ihm soll nichts mehr gehören!

Wir müssen das Vorhaben gemeinsam
unterbinden, zerstören!

Reichtum der Reichen
Armut der Armen
Des Teufels Gier, kennt weder –
Grenzen noch Erbarmen!

The fighter is back! Voll und ganz, auf seinem Track!
Die Elite wird gezüchtet –
Wer schaut hin und wer schaut weg!?
Eine doch so uralte Sache, in ganz moderner Zeit!

Historie

Der zweite Weltkrieg liegt nun gut 80 Jahre zurück!
Seit ca. 1950, konnte die Wissenschaft, Pharmazie und die Politik sowie die Wirtschaft in EINS zusammenwachsen, ganz ungestört! Experimente im Dunkeln!

Das Volk abgelenkt mit Spielen wie etwa; ganz großen Sportereignissen, Videospiele etc... etliche multimediale Formate wurden geschaffen und gefertigt! Sie sollen den Menschen beschäftigen und von der Realität ablenken, auf gut Deutsch also; VERBLENDUNG UND VERBLÖDUNG!

Der Wandel von 1995 bis 2020, sind gerade mal 25 Jahre!
Also gerade mal ca. ein-drittel, wenn man die ganze Sache mal so betrachtet. Wir wissen ja um etliche Ausschreitungen und Bewegungen wie etwa; „ Der Baader-Meinhof-Komplex" um die RAF, Stasi und etc...
So betrachtet, dass also von 1950 bis 1995 die „Plan-Phase" entstand und alle Vorkehrungen getroffen werden konnten. Ab dem Jahr 2000 –

Millennium – und der ganz großen Globalisierung und dem eingeführten Zahlmittel „EURO" – hat die Veränderung, bereits schon stattgefunden!

Zahlungsmittel wie etwa Kartenzahlung, Online-Banking ist der Vormarsch zur bargeldlosen Gesellschaft! Auch die Kryptowährung ist lange, lange geplant!

Sind also die derzeitigen Situationen und Geschehnisse nicht sonderlich überraschend! Und vergessen wir nicht das Jahr 2001 – der vermeintliche „Terrorakt" in den USA gegen das World Trade Center…
Dies war der offizielle Beginn, das Inkrafttreten der Veränderung!

Neue Weltordnung: Der Mensch 2100

Wir haben allesamt verlernt
Wie man wirklich, richtig lebt!
Weil es heute nur noch ums;
„Was hast du – was kannst du – was bist du" –
geht!

Traurige, leere –allzu müde Gesichter!
Unsere Augen bloß noch – erloschene Lichter!
Wir sind nur noch wie –
Ferngesteuerte, programmierte
Funktionierende, geldorientierte –
BE YOURSELF-NOGOS!
Nur noch gestempelte
TRADEMARK-LOGOS – Gesichter

Der Reichtum der Reichen
Dieser wird stetig und fortschreitend gefördert!
Wissenschaften für Fuß-Volk –
Werden überSt€uert, runter-befördert!

Der Mensch der Zukunft
-GEDANKENLOS, BESITZLOS, WILLENLOS!
Nur noch da, um lediglich zu –
Produzieren, funktionieren!

Den Willen, will man künstlich mit Impfstoffen injizieren!

Erkenntnis

Gott, welche Schönheit –
Welche Wunderpracht –
Hast du geschaffen,
in diesem Leben erbracht

Es ist so schön
In den bunten Farben dieser,
Herrlichkeit des Lebens zu sein
Bedauerlich und schade, dass wir eines Tages
gehen

Doch wir leben
Und wir sterben

Dein Wille, er soll geschehen

Jeder Mensch hat die Chance,
diese Einzigartigkeit –
All dein geschaffenes Werk zu begutachten
Zu fühlen, zu atmen, zu leben, zu respektieren
Und wahrhaft, seiner selbst zu sein!

Jeder hat die gleiche Chance
Jeder hat die gleichen Rechte
Aber auch jeder hat –
Das gleiche Schicksal

Mit jedem Tag, den ich älter werde
Begreife ich die Kostbarkeit des ganzen Lebens
Sie ist wie eine Flut, die mich durchströmt
Mit Erkenntnis und Wertschätzung

Vergebens waren all die –
Langen Wege meiner Suche
Das eigene Glück, welches ich in mir erkenne
Welches ich wahrnehme und verbuche

Es hat mich alles Energie gekostet
Ich habe Kraft verloren und kam unter die Räder
Ich ging durch Höhen und auch Tiefen
Ich fiel von den Klippen mancher Berge
Hinab in die Tiefe jener Täler!

Warum lieber Gott,
lässt du mir diese Erkenntnis –
All diese Wahrhaftigkeit zukommen?
Habe ich sie denn verdient?

Ist mein Glaube an dich so wahrhaft
So stark und so groß
Dass ich erkenne, deine Güte und Liebe –
Aber auch dass ich dich fürchte!

Und jetzt sitze ich da
Zwischen den Zetteln, den Blättern
All dem Papier mit –
Von mir, vollgeschriebenen Texten

Zwischen Siegen und Niederlagen
Verfasste Schriftstücke
Meiner bisherigen Lebenstage
Buch für Buch, Kampf für Kampf –
Gewonnen und verloren
Ich, der Dichter, Texter, Schriftsteller, Autor
Eindeutig – Zum Schreiben geboren!

Gott ich habe dich gesucht
Und ja Gott, ich habe dich zugelassen
Oder viel mehr,
du hast mich zu dir gelassen

Ich schreibe nicht einfach so
In all den Tag hinein
Ich besinne mich meiner selbst
Und auch du, fließt in die Zeilen mit hinein

Wenn du fällst

Wenn dich auf deinen Wegen
Jedes Licht verlässt
Ich werde für dich da sein,
wenn du fällst, dann halte ich dich fest!

Wenn jeder deiner Träume
In Trümmern liegt und verschüttet sind
Ich gib dir Antrieb für neue Träume
Ich bin dein starker Rückenwind!

Wenn auch alles scheint,
in Scherben und im Schutt zu liegen
Wenn du deine Hoffnung verlierst –
Werde ich deine Zweifel besiegen!

Gib nicht nach und niemals auf!
Wenn niemand nach dir greift –
Ich fange dich auf!
Kopf hoch, Brust raus! Gib nicht auf!